CONFLICTOS HUMANOS

El amor, relaciones y situaciones de vida

Elena Núñez Sambucety

Conflictos humanos. El amor, relaciones y situaciones de vida

Primera Edición 2024
© *Elena María Núñez Sambucety 2024*

© *Imagen de portada Pixabay (Darrenquigley32) 2024*

© *Editorial Poesía eres tú.*
http://www.poesiaerestu.com
C/Dr. Fleming Nº50, 4ºD
28036 Madrid
Teléfono: 34 91 999 13 12

ISBN: 978-84-18893-81-0
Depósito Legal: M-24020-2024

CONFLICTOS HUMANOS

El amor, relaciones y situaciones de vida

ELENA NÚÑEZ SAMBUCETY

1. EL SUAVE MURMULLO DE LA EMBRIAGUEZ

Los fuegos fatuos que un día fueron parte
hoy están fuera,
y los recuerdo con añoranza que duele
porque es una parte arrancada.

Hay algo en mí que echa de menos
todo lo oscuro del mundo,
como el despertar suave del niño en brazos del padre asesino,
pero que es padre para el niño
y siente su calor y respira su olor.

No siempre hay forma de encontrar el equilibrio;
oscilamos constantemente en él,
fluctuando, perdiendo y encontrando
en un constante movimiento interior que agota y consume.

Cuando comprendes con los recuerdos olvidados
que has venido por otra causa,
cuando la luz que olvidas te alumbra
y recuerdas,
y recuerdas y olvidas,
y olvidas y recuerdas
esta vida y su misterio,
sostenida por ideas promovidas por unos,
engullidas por muchos,
alabadas sin cabeza;
disociados y negados del alma
que habita en los corazones
olvidados por los hombres.

Cada uno sostiene una vida que cree ser elegida,

orgullosos contemplan resultados efímeros
que opacan su brillo momentáneo y falso.
Sostenida su vanidad
no entienden el vacío;
aplacan su angustia con ilusiones vanas.

Carrozas de ensueños
se desvanecen al instante,
¡ya empieza otro instante! ¡otro "ahora"!
(no consigo llegar,
estoy cansado de correr detrás de los instantes…)
no encuentro otra forma de ser
pero ésta es agotadora,
me siento viejo siendo joven
¿qué me pasa?
me sostengo con los ojos de otros;
cuando se cierran; desaparezco.

Otro esfuerzo,
otro "exprimirme" para sentirme vivo,
un poquito cada día.

De esa agua de lluvia en la boca
me mantengo hidratado,
en este desierto que quema y abrasa por dentro.

Me dijeron que esta era la forma y me lo creí;
me moldeé, me esculpí para encajar,
he creado una copia perfecta;
¡me ha importado!
¡me he esforzado!
¡me siento orgulloso de mi obra!
una obra sin significado que no respira;
que está muerta y fría;

pero la he creado yo
con sudor y lágrimas…

¡No la destruiré!
¡la defenderé!
¡daré mi vida por ella!
no me importa mi destino
pues ya no soy yo,
soy otra cosa.
Vivo en el interior de esta obra perfecta
que no quiero destruir ¿si no?
¿quién seré?

Llevo tantos años esforzándome
por ser lo que hoy soy…

Mi alma está rota,
mis entrañas partidas,
respiro a duras penas
y a pesar de la dureza
asoma el agua del dolor a mis ojos…
¿por qué lloro?
¿qué me ocurre?
estoy tan separado de mí mismo
que no hay respuesta posible,
y tanto esfuerzo sería
que mis dos partes se encontraran
que no encuentro la fuerza,
es más fácil la inercia,
caer en la dulce miel del abandono,
del tiempo que corre,
de los ruidos del mundo que me acunan
y que siento como verdad;

pues ellos me sostienen
como me sostuvieron siempre.

En lo conocido me reconozco,
en lo nuevo me estremezco,
¡no quiero!
¡no sé!
¡tengo miedo!
¡distráeme mundo!
¡aléjame de este dolor profundo!
Risas
movimiento
   (aunque sea lento)
¡apaga la luz!
¡abandona mi cuerpo!
te odio porque me fuerzas
y yo no quiero seguirte;
prefiero la inercia,
el suave murmullo de la embriaguez,
lo denso y oscuro
que invita al cálido sopor del sueño.
La vibración provocada del centro de mis entrañas
me molesta, me irrita,
me saca de mi ligero placer
y risa graciosa.

¡Eres tú luz, la que odio!
pues me sacudes…
me despiertas de mi sueño y de mi gozo,
me llevas al infierno consciente
en el que vivo durmiente…
¡No quiero ver!
¡no quiero saber!
¡libérame de este martirio que me sacude a pesar de mí!

apártame de la angustia de saber…
¿por qué me cuentas?
¡yo no te he preguntado!
¡déjame tranquilo!
    (estaba tan bien hasta que has llegado)
¡te odio! ¡te odio!
vas de buena pero destrozas mi vida,
no soporto tu presencia
que me fuerza a ser lo que no deseo…
¡No te quiero!
¿Por qué te quedas?
¿Por qué insistes?...

Y a pesar de todo
no me puedo separar de ti…
porque cuando caigo rendido
me doy cuenta que te quiero;
que sólo tus brazos me calman,
que sólo tu aroma me embriaga
de una forma nueva y fresca;
que sólo tú eres el camino
    (al que yo inevitablemente me resisto).

2. LA HERENCIA

Aprendí cosas que sirven,
otras que engañan y hieren,
y me alejan de ser y estar
donde mi alma necesita.

Aprendí a ser enredadera,
a enredar y a enredarme,
hacerme un nudo.
Intentando encontrar la salida
quedo atrapada,
dolorosamente negado
el paso de lo posible.

Tantas cosas me enseñaron
que agotada quedo borrando automatismos
de patrones heredados que no significan,
de los que huyo con culpa y lágrimas;
pues a pesar de la huida
quiero;
y en la separación;
        siento que algo muero.

Cuando me provoca entro;
¡porque quiero pararlo!
¡porque quiero aclararlo!
porque me importa su bien y mi bien.

Pero me doy cuenta que no quiere;
hace como que quiere;
        pero no quiere.

Le gusta el caos
en el que me introduce,
lo hace muy bien;
        caigo cada vez,
y por más que me lo propongo,
        vuelvo siempre al mismo punto.

3. MOMENTOS

Qué agradable el sol sobre la piel,
qué suave brisa despeinando mi pelo
en caracoles y revueltas,
los ojos mañaneros mirando al horizonte
perdidos en azules infinitos.

Ojalá pudiera quedarme en este instante…
lo respiro intentando atraparlo,
¡no quiero volver!
¡todo es tan bello!...

Soltar es el gozo
el movimiento y el cielo,
como cuando inerte te entregas
a caprichos de otras manos,
de otros sueños, de otros egos.

Podría convertirme en piedra
sin tiempo y sin esperanza,
calentada por los rayos,
golpeada por los vientos;
asiento de algunos,
pesada, dura, encerrada,
poder permanecer en los infiernos
sin ser abrasada.

El latido de mi cuerpo
me recuerda mi estado;
        y la mano del amado que no me ama.

Una voz;
el tiempo regresa;
se hace tarde y aún tenemos que llegar.
Cuántas cosas por recoger,
cuántas cosas por hacer…

Y mi piedra cansada,
con patas y garras,
se vuelve risueña, atrapa y abraza,
figurando alegría con cantos y danzas
aprendidas a golpes.
　　　　Refugios olvidados que lo pasado esconde.

4. ME ESTREMEZCO AL ENTERARME
(LA PÉRDIDA)

Me estremezco al enterarme
de esta noticia que abrasa;
antes de saber lo ocurrido; yo cantaba.

Aparece un vacío indefinido,
un agujero negro que lo engulle todo,
destruyendo los cimientos
sustento de mis certezas.

Surge un bloqueo profundo,
un vacío insoportable,
los sonidos tan lejanos
no llegan a penetrarme.

No siento, no escucho, no vivo, no entiendo,
atravesada por algo que invade mi cuerpo,
posee mi tiempo y mi espacio...

Sacudida, confusa,
aterida, difusa,
abro mi boca
prolongando el silencio en mis labios...

La lengua parada...
los ojos vacíos...
las manos asidas...
de un banco aferradas.

5. ENSOÑACIÓN

Con los ojos ensoñados
elevados a la nada,
atravesando un muro que desaparece;
una cabeza descansa en un soporte mullido,
narrando una historia de voz grave
que añora;
       saboreando recuerdos
en el placer de las palabras, que brotan
como un manantial que da forma.

6. AMANECE GRIS

El cielo encapotado grisácea el día
de un pueblecito del norte,
opacando los verdores y los ojos de los viejos.

Es verano…
los grillos están mudos,
los pájaros susurran,
pareciera que los frutos
de los árboles de este vergel
pararan su crecimiento,
protegiendo su carne,
endureciendo su piel.

Ladra un perro a lo lejos,
junto al tintineo de las campanillas de las cabras
que en familia, pacen despacio.

7. PERVERSIÓN

El acto perverso de dañar y arañar
no está en el acto en sí,
sino en el deseo de hacerlo.
Cuando la persona atacada recibe el castigo
no entiende el motivo,
buscando ansiosa una causa que anule
todo el mal del amado.

Deseamos amar a buenas personas,
ser buenas personas,
tener buenos hijos.
Cuando desaparece el filtro
aparecen poros e imperfecciones,
¡el orgullo!
(siempre es lo mismo lo que separa)

A una palabra estamos de solucionar las cosas…

Cuando estamos lejos, deseo acercarme íntimamente,
cuando tu mano está cerca, veo dedos torcidos
y duros que un día me rechazaron,
me castigaron con la fuerza aplastadora.

(Así mi corazón se cierra
en los brazos y en los labios.)

8. CONFLICTOS RECURRENTES

A veces no hace falta mucho para que saltes,
es cuestión de un instante;
pasamos de la conversación tranquila
a la furia airada sin posible resolución.
No hay palabra que devuelva
la calma al momento,
no hay diálogo posible para quien no quiere.

Hay personas que hieren
con palabras y con miradas,
lo malo no es hacerlo, sino desear hacerlo.

Quien cree en la bondad no asume la maldad,
busca siempre explicación.

A veces me canso de esperar
que una sonrisa aparezca en tu cara,
que me mires amable
con interés y paciencia.

Ya no somos tú y yo,
tú eres tú,
yo soy yo,
en espacios de lejanía infinita
que rompe abrupta las ganas.
El aire se densifica en desencuentros
de palabras convenientes,
de educación contenida;
sin afecto.

Lo que era un regato fácil de saltar

se ha convertido en mar.

Cuando estamos con otros
parece que me miras con ternura,
luego a solas me encierras
en una soledad desoladora.

¿Qué hacer cuando uno no quiere encontrarte?
siempre hay un lado que vaga deseoso…

Sufro por mi incapacidad de soltar,
    de aceptar;
que no hay otra relación posible
que esta que toca y aprieta.

9. PARA QUE NOS QUIERAN

Venimos al mundo con un Yo salvaje,
luchando por la supervivencia,
aferrándonos con fuerza.

Poco a poco entendemos
que hay una forma en la que somos más queridos,
más mirados,
más reafirmados;
y nos vamos modelando
para recibir aprobación,
miradas, atención...
vamos siendo lo que se debe ser.

Murmullos,
algunos golpes,
sonidos de metal y madera
llenan la tarde;
crean promesa.
Los niños,
sus risas
que gorgorean en vibraciones,
el viento pausado
de un atardecer cualquiera.

Si no fuera por esas risas me desintegro,
desaparezco...
¡es en ellas que surgen mis contornos!

¿qué me pasa de un tiempo a esta parte?

una madre y una hija me muestran lo que no tengo...

Una familia ruidosa,
el silencio inquietante
en el que se ahogan mis días.

Necesito, espero,
y cuando lo tengo no lo quiero.
No es así, de esta manera;
¡lo quiero y no lo quiero!
¡lo quiero de otro modo!

y mis sentidos se encojen en una contracción tensa.

Pensé que sería distinto…

10. CONTRADICCIONES

Te sueño, te anhelo,
pero cuando estás frente a mí no te veo.
Te espero, te añoro,
entras por la puerta y aunque no quiera
te rechazo.

Te vistes de hipocresía;
tu sonrisa extraña que aparenta cariño,
las palabras amables,
los gestos estudiados
ocultando la violencia,
construyendo puentes
que vinculan cuerpos,
encendiendo llamas en ojos que devoran,
que ansían;
        más no aman;
y que posados en mí pierden su brillo
al encontrar indiferencia.

11. INCÓGNITA

A veces las tardes cansadas y lentas
alteran las ganas de besar y soñar.

12. NAUFRAGIO

Una mirada basta para tocar y herir.
Una sola palabra puede producir
naufragios.

13. MALTRATO ENCUBIERTO

En la razón se esconden
todos los males del mundo;
las murallas que castigan,
las gargantas que azotan.

La crueldad que un día decidiste
utilizar conmigo
no ha disminuido desde entonces,
acaso ha aumentado
no solo en palabras,
en gestos y orgullos.

A veces te acercas,
acaricias mi mano;
yo desciendo mis barreras
deseosa del encuentro
que precipita en el vertiginoso descenso
a tus dominios.

(Se desvanece el deseo
que asomaba ingenuo)

Me parece que disfrutas
de ser la víctima que enfundas;
encerrado, apretado
en la depresión ficticia.

Todos te creen,
nadie me ve;
en mi soledad me ahogo,
¡me quemo!
observando el gesto compungido
que me convierte en malhechora
   sorprendida
por impuestas intenciones ajenas.

14. EL TIEMPO BIOLÓGICO

El orden biológico
prosigue su trayecto,
a pesar de que juguemos con él al escondite.
En nuestro pequeño endiosamiento
torcemos la esquina satisfechos,
con la vasta ignorancia
del que cree saber sin saber.

El tiempo siempre atrapa,
pasa minuto a minuto
vivido inconsciente,
impasible, despilfarrado.
La ola de tus días
no se para nunca,
avanza lenta e implacable;
eres tú quien decide
el significado de ese tiempo.

Muchas almas se pierden
aplastadas, alcanzadas,
sintiendo que aún no han vivido;
pues vamos siempre corriendo
detrás de la vida.

15. LA POSIBILIDAD DE SOSTENER LO INCÓMODO

No me gusta la persona
a la que se supone debería amar;
(eso me sacude)
me hace sentir errónea,
carente del afecto necesario
para perdonar tanto daño.

Me lo he dejado sentir,
me lo he permitido;
aceptado, integrado,
en una perspectiva terapéutica que dura una vida.

¿Pero quién puede negar lo que existe?

Puedes disfrazarlo, vestirlo, adornarlo,
negarlo;
hacer del tema un chiste;
aparentar una vida ficticia
que simula un afecto que no llega;
que no hay,
por más que busques.

Lo erróneo de la naturaleza se esconde,
(se enmascara)
se encierra en lo más profundo
de los secretos sin llave.

La verdad siempre se impone;
y el paso de los años,
a la par que el perdón,
me ha traído más verdad.

La postura decidida para no fallarme a mí
hace que los demás murmuren,
comenten y duden.

En una sociedad que mira con castigo
al que se sale de la línea marcada,
nombrada como libre albedrío
desde una moral caduca.
Nos hablan de ser uno mismo,
desarrollarnos como personas;
hablan de ideales
de impulsos y de sueños;
nos llenan la cabeza de pájaros,
y en cuanto decides volar…
te rompen las alas, te pican,
　　¡te aplastan!

Vivimos de demagogia,
sostenido lo falso en un nicho de paja.
El mundo es banal, absurdo,
fatuo.
Muchos despliegan su inteligencia mundana,
(esa de no entrometerse en lo profundo)
esa de no implicarse...
Decir sí con sonrisa
y dejarse llevar, y llenar,
por promesas ilusorias
que requieren movimiento
y pastillas de soporte.

Pocos se paran
a replantearse su historia;
a mirar hacia fuera,
a buscar esa verdad evidente y escondida:
pues en la ambigüedad está la trampa.
La verdad y la mentira
exquisitamente espaciada
vuelve locas las mentes,
lo que motiva el engranaje
de la duda constante,
un todo vale de personas sin voluntad.

Aquí se mata lo auténtico,
se castiga cruelmente
el que habla sin rodeos,
el que dice lo que siente,
el que duda de lo impuesto,
al que va contracorriente
se le parten las piernas,
    (se le ponen zancadillas)

Gentes de rostros siniestros
con sonrisas húmedas
de glándulas salivares;
muecas tensas de chacales y dientes;
ojos que otean rostros de otros,
que miran el apedreamiento civilizado
y permitido.

Occidente es cruel de otra manera,
no menos cruel que los bárbaros.
El falso animalismo que compra los limpios filetes
mientras levanta el brazo contra el vecino.

Los falsos desarrollos
sostenidos en palabrería;
las falsas ciudades
de cultura sumergida en lemas y doctrinas.

Los artistas que se mueren
de hambre y carencias;
    (los locos cuerdos)
las verdades rechazadas,
la verdad que se extiende
sin necesidad de estupefacientes, ni alcohol,
aunque alcoholizada.

Nada está fuera,
todo está dentro;
el mundo está roto
a un extremo preocupante.

La única esperanza eres tú,
y tu pequeño,
pequeñísimo mundo,
        de la piel hacia adentro.

16. TRAS LA DUDA

Tras la duda se esconde
un amor,
un suspiro,
un gemido…

El futuro como pájaro herido
que rechaza el afecto,
y esconde en su vuelo
una soledad primitiva,
anhelante del abrazo
que libera las tenazas
a las que sometida,
      destruye su mar
          y su paz.

17. UN NUEVO COMIENZO

En el despertar de tu risa
encuentro la paz anhelada,
los sueños rotos de tantos años
encuentran refugio.

Aunque dudosa por el miedo
incrustado en las entrañas,
cuando tu mirada se enfría,
recojo mis alas.

Entre el sol, la luna y las estrellas
se escribe mi historia,
que a veces es nuestra historia,
poco a poco…

18. EL ADIÓS

Caer de nuevo,
empezar de cero,
dejar que desaparezca la proyección creada.

Cambiar el ritmo,
el proceso es lento,
el miedo lícito,
nada puede reducir lo vulnerable del momento.

Vuelvo al punto de partida
siendo la misma,
siendo otra,
recuperando cotidianos ya olvidados.
No sé si me reencuentro conmigo o con el hábito,
con el asiento deshabitado,
los espacios y sonidos que recuerdan aquella que fui
y reaparece de nuevo.

Dejé de ser yo,
dejaste de ser tú,
para encontrarnos en tierra de nadie;
pues ni tú eres tú, ni yo tampoco.

He descubierto que los deseos no tienen tanta fuerza,
ni tanto poder como para materializarse en realidades
        estables.

Los vaivenes tristemente hirientes
rompieron mi estabilidad,
dejando el cuerpo desnudo y dañado.

Perdida la certeza,
reaparece la frescura de lo inimaginable;
caídos los firmes muros de la seguridad.

19. QUIÉN ERES

Quién eres tú que iluminas
mi mañana,
que con tu presencia amable
sanas mis recuerdos.
Hace mucho te soñaba,
      te esperaba,
no podía ser todo tan gris,
      tan cruel.

Lo difícil ha sido encontrarte…

Ha sido un largo trayecto,
a veces desalentador,
pues con cada golpe
y cada invierno,
se fragilizaba mi esperanza,
y se adormecían los sueños
de otra vida posible…

Pero estás aquí,
eres de carne y hueso,
te toco, te miro,
      no me canso de mirarte;
contemplar tu rostro
desde las alas batientes de mi estómago;
desde el fuego que emerge
como un volcán interior
en el gozo de saber
que los dos sentimos lo mismo;
que nuestros cuerpos se buscan,
y nuestras almas se reconocen.

Estoy unida a ti
por algo más fuerte que lo físico,
por algo más misterioso y luminoso,
   pues solo brota amor;
solo brota bien y naturalidad.

Dijiste que solo valora el amor
quien ha vivido el desamor.
Sé que he tenido que vivir la ausencia
para poder coger tu mano
y apreciar el calor
   que calma mi miedo
a esta vida tan abrupta y cansada;
pues hay un esfuerzo en vivir,
y también un gozo.

No temas mi fragilidad ni mi dolor…

Amo la suavidad de tu boca,
tus abrazos de océano generoso,
el calor que desprende tu cuerpo;
y puedo comprender ahora
lo que significa ser uno,
hundir mi cara en tu pecho
y llenarme de gozo porque estás ahí.

20. LA SOLEDAD

La soledad es certera,
es densidad,
es imposible negarla.

Cuando se asienta
se hace notar,
no te deja indiferente.
Te aplasta,
te aplana,
parece engullirte.
Te obliga a mirarla de frente,
a no negarla,
¡a afrontarla!

La soledad es un impulso para salir de ella,
una llamada de urgencia,
un recordatorio de que no puedes huir;
¡qué la vida es esto!
¡qué hay que mezclarse!
¡qué les necesitas
y te necesitan!,
no mucho, lo justo.

En esta selva humana
donde todos los vínculos se entremezclan,
donde el tuyo tiene un fin
y un compañero,
un espejo en el que reflejarte,
¡qué no puedes tirar la toalla!
¡qué necesitas esforzarte!
lidiar entre la paz y la crisis que crea redes,

¡salir al mundo!
tener valentía y también miedo;
equivocarte, dañarte y recuperarte,
       pero no marchitarte por la falta de roce.

El roce hace que la vida siga en movimiento.

21. PARANDO PATRONES

Me aburre la repetición constante,
los formalismos y máscaras
que me alejan de la relación
y me dejan en el vacío
tras el encuentro.

Me aburre repetir siempre lo mismo,
     engullir palabras de otros,
patrones, acciones, estados…

¡Es tiempo de parar!
     ¡de respirar!
de salir de los pasillos estrechos
en los que se encierra mi mente
cuando no la domino.

22. FORMAS DE MANIPULAR

Ya has conseguido
sacar palabras de mis labios
que te victimicen de nuevo.

Eres un maestro a la hora de
conseguir tus propósitos…

¡Gran jugador!

Prestidigitador.

Víctima eterna...

23. MÁSCARA

Caminas sin rumbo
mostrando tu mejor cara;
todos hablan delicias sobre ti.

Pero yo te conozco…

y no eres ese.

24. APRENDIENDO

Hoy he aprendido
que la persona que más te quiere
te puede dañar,
destrozarte con palabras hirientes
que dejan temblando tu estructura.

Que el amor y la violencia
están muy unidos,
pues para amar
hay que ser vulnerable,
    abrirse al otro,
romper las resistencias que separan,
salvan y protegen.

Necesitas fragilizarte para entrar en el otro
y que el otro entre en ti,
    para destrozar los muros
que aseguran tu equilibrio,
    pero también tu rigidez.

Amar es romperse un poco;

    dejar espacio
para que el aire te transforme.

Amar es olvidar y volver a empezar,
permitir las experiencias;
decir sí a todo
    y a todos los momentos
aunque te rasguen el alma,
aunque te sacudan por dentro
destrozando tu esperanza;

aunque no quede nada a lo que
aferrar tu mañana.

Decir sí, aunque respires sin aire;
colapsado el cuerpo
en un bloque de granito apelmazado.

Duerme y no pienses…

    calma tu mente
en el dulce descanso.

25 MIEDO

Siento miedo;
        miedo al cambio
que llegando a mi vida
agite mis estructuras.

Temor a lo que tú puedas mover,
temor a lo que tú puedas hacer
que pueda cambiar mi sensación
de falsa seguridad.

Deseos de quietud…
de quedarme aquí apenas respirando;
invisible, escondida…
queriendo parar la inercia
que hace girar la rueda,
        centrifugando mis entrañas,
revolviendo mis sentidos
con mi resistencia, densa;
plana y aplastada.

Me dirijo hacia el núcleo;
        hacia el vacío oscuro
y escondido,
que atrapa bajo mi ombligo
mi propio ombligo primigenio;
aquel en el que me alimenté,
        en el vientre de mi madre,
atrapada entre las vísceras
aislantes del mundo exterior.

Ruidos amortiguados,
    densidad acuosa,
protectora de intervenciones ajenas
que puedan acceder a mí.

Deseos de parar el mundo,
¡deseos de pararlo todo!
    de fundirme en el silencio;
de desaparecer sin tiempo.

Quiero vivir,
deseo vivir bajo una coraza infinita,
    ¡imposible!
¡no hay más remedio que caminar!
    ¡avanzar!
buscar soluciones,
desarrollar estrategias
que sirvan de parches provisorios
si el miedo no se va.

Todos buscamos el camino fácil
    que no existe,
inventando nuevas sonrisas
que acallen apneas vacías;
voces graves de un pasado oscuro.

Sólo puedo caminar...
y esperar que mis pasos
    y el tiempo resuelvan,
lo que hoy no puedo.

26. DESESPERANZA

Caerse,
levantarse y volver a caer;
volver a confiar.

Poner esperanzas;
entregarse al otro
con un corazón nuevo,
deshacerse en lágrimas
tras el golpe seco,
ahuyentar los gritos
de ponerse a salvo,
girar en redondo en esbelto porte,
soplar y resoplar,
subiendo al estrado
que muestra a un público
la dignidad que avanza;
el paso seguro y disfrazado,
el vínculo extraño
en el que chapotea tu alma,
cansada de tanto divagar
entre arboledas nocturnas,
que sombrean las retorcidas figuras
que te cierran el camino
como un aviso premonitorio
de un futuro que ya es.

Pues la oscuridad ya está instalada;
    la duda densa sin consuelo;
pues no hay respuesta
    a tanto incomprensible.

Movimientos cortados, con dedos afilados
y ojos borrosos
de ensoñación en vida que te alejan del suelo;
que te elevan a un cielo
que no existe,
pero que es tu única verdad;
pues durante años lo construiste
con la lentitud
de quien construye algo indestructible;
que te encierra en los abismos
de la soledad eterna.

Te has vuelto inalcanzable;
pues tu fantasía eleva el muro
de tu incomprensión
de ti hacia mí,
    y de mí hacia ti.

Hablas sin voz;
aunque el eco resuene
en sonidos inteligibles
que muestran de nuevo
la incomunicación sostenida
en el tiempo;
pues la siguiente palabra
es la misma de siempre,
esa que agota el sentido
del encuentro
en un vacío que lo engulle todo
y lo transforma en un universo que no existe;
    inimaginable,
inteligible, entre tantas palabras huecas
de labios acorchados y comisuras falsas.

Gestos de columnas tensas
que se rompen al alba.

27. DESCONFIANZA

Amables palabras se pierden
en un abismo de sospechas;
confianza prematura
que madura el tiempo
hacia el desdén.

¿Quién eres
que marchitas mis sueños
y los vuelves ocres y color pastel?

¿Qué poder tienes
para que llegue la noche,
y vuelva sombría
la luz de los faros nocturnos
que descansan
bajo las cejas asustadas
de tanto frío?

Mucho han visto mis ojos
que ya no desean mirar,
ni mi boca besar,
ni mi lengua entregarse.

Existen asesinos de sueños
que destruyen el alma
hasta volverla añicos…
¡irreparable!

Sólo el sol refleja
la luz que un día
existió en las partículas intactas

del Ser dividido
que hoy agoniza.

28. SOMBRAS

Qué feas sombras ensucian
hoy el rostro
otro tiempo enamorado;
     ilusionado de un futuro
que no llega a cumplirse;
marchito por el destino implacable
que aplasta toda esperanza
hasta volverla añicos;
     desterrada a un rincón,
olvidada ya del todo;

     atrapada por el paso del ahora.

29. AMANECE

Amanece;
y no comprendo lo que pudo pasar
para este silencio prolongado…

Pasa el tiempo
y menos explicación
encuentro a nuestro final;
como una niebla espesa
que opaca
el brillo de todas las cosas.

Decidiste negar la realidad,
mentir y aferrarte
a tu mentira,
haciendo ver con tu actitud
una ofensa que no existe;
pues una realidad no cambia
al ser tapada bajo tejido
o ser negada.

Sólo consigues que este final
sea un final definitivo;
que no pueda creer en ti…
que detrás de tu acto
sigue habiendo actos que confirman
la desgracia de un amor que se rompe
desagarrado inútilmente por el orgullo
y la vergüenza,
por no mostrar tu debilidad
al hacer algo que no debiste hacer…

Y eres tú quien debe arrepentirse
por haber provocado
tantas dudas y miedos;
    eres tú
quien debe reparar;
no aferrarte a tu postura infantil
de considerar el abandono
como una posibilidad,
y que el dolor desaparecerá
sin cicatrices;
¡eres tú quien debe dar el paso!

Yo estoy en actitud de espera,
viendo tras la pantalla lo que ocurre;
pues nada puedo hacer
tras este error que cambia
mi percepción de ti;
    de nosotros.

No sé dónde colocarte,
y el silencio no ayuda,
mientras el corazón se rompe
y mi mirada entristecida
muestra el velo de la pena.

    Decides hacerlo así;
destruyendo en un segundo
lo que tanto costó construir…

Acabas sin remedio con
lo que mereció la pena,
lo que nos sostuvo ilusionados
y esperanzados en el mañana

se muere sin aire;
sin movimiento.

La falta de acercamiento
rompe el vínculo creado,
dejando un dolor de incomprensión,
que lo inunda todo.

30. PRESTIDIGITADOR DE SUEÑOS

Su nombre suena a mar…

Apareció un día
rompiendo la monotonía
de una extraña triste primavera.
Su presencia tranquila
aligeraba tardes nuevas,
frescas,
de brisas doradas,
de risas que opacaban manos
juguetonas y desenfadadas.

El verano fue lluvioso,
encerrando los encuentros
en profundas conversaciones a cubierto,
descubriendo nuevos gestos,
nuevas caras y voces desconocidas
que dejaban sin palabras;
pues más pasaba el tiempo
todo se volvía más confuso;
menos claro.

Su mirada perdida de ojos oscuros
parecía atravesarme;
no me miraba,
o no me enfocaba;
ahora alegre y cariñoso
provocando carcajadas,
ahora callado y distante;

creativo,
deprimido,
¡ahora sí!
¡ahora no!

Se convirtió en un misterio…
un muro impenetrable
impecablemente expuesto.

Fachada de hombre de mundo
con verdades y medias verdades
entre sueños y fantasías,
jugaba a disfrazarse; a confundir.

Parecía querer quedarse
a dormir en el abrazo,
aunque no tiene raíz ni afectos;
disuelve la ira de su pozo negro
bajo la superficie pringosa
del lodo y la melancolía.

Los brazos abajo,
con piernas desnudas
de dragón paciente
esperando salir de su cueva…

Sus manos tensas
marcan estados que otros no ven,
(y yo observo agazapada en mi instinto).

Se imagina solo
en un mundo que no le roza;
aunque es movido
por la vibración de las almas
que él rechaza.

Se asienta
en la superficie de un río
que brota sin fin,
a veces arrastrado,
otras decidido,
¡palpitante!
¡de ojos brillantes!
de chiquillo decidido a vivir.

Sueña vivir
descubriendo en sus aciertos
los pasos de un destino,
enfocado,
apasionado…

a veces triste y sombrío
sigue caminando…

Es el río el que brota,
es el río el que le empuja,
¡es el río el que sabe!
¡y él lo sabe!
Y le entrega su vida
superando la angustia de pararlo todo,
¡de destruirlo todo!
tragándose el grito
que rompería el cristal de la tierra,
¡tan frágil!

(sedienta de verdad)
¡tan vulnerable!

Y calla su dragón dormido…
esperando,
a que el momento llegue.

ÍNDICE